녹차밭에 비가 내리면 나는 찻잔이 된다

녹차밭에 비가 내리면 나는 찻잔이 된다

김덕진 시집

그림과책

| 시인의 말 |

  말을 건네는 일이, 언제나 조심스럽습니다. 속으로만 웅얼거리던 말들을 이제는 세상 밖으로 내보냅니다.
  눈비처럼 스며든 생각들, 어디선가 잊힌 채 고요히 머물던 기억들, 소리 없이 흔들리던 마음의 풍경들이 이 책 속에 머물러 있습니다. 그것들이 누군가의 일상에 작은 쉼이 되거나 문득 지나가는 바람처럼 마음을 쓰다듬어줄 수 있다면, 누군가의 손끝에 닿아 잠시라도 머물 수 있다면, 이 시집을 통해 말 없는 마음들이 서로 닿을 수 있기를 바랍니다.
  교직 생활 34년은 가르치는 일에 대한 즐거움으로 살아온 시간이었습니다. 이제 다시 30여 년이란 계절이 간이역에서 기다립니다. 나와 이웃의 삶을 귀하게 여기는 행복한 글 짓는 사람으로 남고 싶습니다.
  언제나 곁에서 응원해 주는 남편 임성수, 아들 재혁에게 최고의 의미가 담긴 사랑과 감사와 경의를 전합니다. 끝으로, 시집이 나오기까지 도움 주신 시사문단 손근호 대표님을 비롯한 김수현 편집장님, 문우 선후배님들, 그동안 함께했던 교육 가족, 사랑하는 가족과 친구님들께 부끄러운 시들로 감사의 마음과 안부를 전합니다.

2025년 광교 호숫가에서

김 덕 진

차 례

5　시인의 말

1부 소나기

14　녹차밭에 비가 내리면 나는 찻잔이 된다
15　3월에 눈이 내리는 까닭은
16　5월에 비가 내리면
17　비 오는 날
18　가을비
19　소나기
20　겨울비가 하얗게 내린다
21　엄마강
22　강물
23　썰물
24　얼음 호수의 눈물
25　겨울이 호숫가에서 졸아도 좋은 날
26　그리움
27　첫사랑
28　時節
29　이른 아침 숲으로 가는 까닭
30　나무에 걸린 오래된 연의 소망
31　걸인에 가까울수록

2부 소금밭의 쓸쓸함에 대하여

- 34 소금밭의 쓸쓸함에 대하여
- 35 거미
- 36 버스 정류장에서
- 37 길가의 빈집 앞에
- 38 북촌을 걸으며
- 39 착각
- 40 소금 바람
- 42 가을 장미
- 43 인계동의 밤거리
- 44 오래된 미래 책방
- 46 직지사 천불상 前에서
- 47 지금은 너를 떠나보내야 한다는 생각으로
- 48 이석증 앓는 사회
- 49 휴일 아침에 나는 카페에 간다
- 50 오늘 겨울은 춥다
- 51 조개껍데기

3부 그리움이 내 안에서 더 크게 그립다

54　그리움이 내 안에서 더 크게 그립다
56　감나무의 회귀
57　평창의 밤하늘에 별들이 밝다
58　1990년 봄, 신기리에서
60　냉이꽃이 피었습니다
61　낙화
62　아버지, 꽃밥 한 그릇 잡수세요
63　산책
64　팔달문 밥집에 앉아
66　비둘기, 숲으로 가는 길을 잃었습니다
68　수원화성 서장대에 올라
70　을왕리 해변에서
71　고물 장수
72　여름과 가을 사이
73　겨울과 봄 사이
74　안목 해변 카페에서
75　그리움 두 개

4부 가을 나무의 외출

78 가을 나무의 외출
79 광교산 형제봉
80 가을날, 암자 뜰에 앉아서
82 키오스크 사용 설명서
83 산장
84 구멍
85 칡과 소나무
86 내 발에 굳은살이 생겼다
88 낙타의 꿈
90 무명용사의 거울
91 알람 시계
92 마음 닦기
93 당근을 씻으며
94 어른 시절
96 그네
97 꽃의 마음

5부 너는 오후 2시의 커피

100 너는 오후 2시의 커피
101 말린 꽃을 바라보면서
102 자율속도조절기
103 처음 살아보는 인생이니까
104 행복 속도
105 용화사의 가을
106 의자에 대한 프롤로그
108 괭이밥꽃
109 히어리
110 매미가 내 창가에 머물 수 있는 확률
111 팔달문 꽃집 앞에서
112 순두부찌개는 사랑을 끓입니다
114 신데렐라 수선집
116 진료실 앞에서
117 나는 너에게 봄이고 싶다
118 감사합니다
120 비빔밥 한 그릇 권합니다

121 퇴고
122 짱뚱어 다리

124 해설

1부 소나기

너무 좋은 인연은 비껴간다지
비 그친 틈새 날개 접고 숨 고르던 나비
날다가 날다가 풀잎에 앉을 때
맺혀있던 빗방울들 이별하듯
영롱한 눈물방울로 떨어진다

녹차밭에 비가 내리면 나는 찻잔이 된다

비 한 방울
찻잎 하나 눈을 뜨고

한줄기 비
피어오르는 흙냄새

비 젖은 녹차 나무 위에
가만히 엎드리니

이랑마다
열리는 초록빛 안갯길

비 내리는 녹차밭에서
나는 찻잔이 된다

3월에 눈이 내리는 까닭은

눈 내리는 3월에는
모든 걸 용서했으면 좋겠습니다
하얀 손으로
하얀 눈으로
세상 모든 걸 하얗게 덮어줍니다
잠시 숨을 쉬라고
잠시 흰 눈을 보며
하얗게 망각해 보라고
첫눈 기다리던 그때 그 마음
추웠지만 따뜻하고 소박했던
옛집의 아궁이와 부뚜막 사이처럼
서로서로 따뜻하게 안아주라고
3월에 저렇게
흰 눈이 내리나 봅니다

5월에 비가 내리면

밤새도록 비와 함께 걷고 싶어
발끝과 옷자락이 빗방울에 젖어도
꽃물인 듯 고울 거야

떨어진 꽃잎 모아 별들 옆에 놓고 싶어
별 구름 흘러 빗물 되어도
꽃비인 듯 반가울 거야

빗물이 흘러가는 대로
민들레 홀씨 따라 고향집까지
마음도 함께 걸어가 보는 거야

비 오는 날

비 오는 날에는
비 오는 길이 방해되지 않도록
창문을 열어요

길을 걷다 보면
사람들은 모두
자기만의 이어폰을 꽂아
소리가 들리지 않아요

톡톡톡 휘 휘
빗소리 바람 소리
섞이고 엉킨 어울림 소리
세포가 열리고

고소한 김치전 기름 냄새
이웃집 창문을 넘고

오늘만큼은 집안으로
빗물이 조금 들어온대도
창문을 열고 나와
도시를 걸어요

가을비

뒷모습이 닮았다
신호등 앞에 서 있는 어깨
그리운 가을이 걸어간다

누구든 잊히지 않기를
가을비 내리는 호숫가 구석에
참선하듯 떠 있는 오래된 공

산길 따라 내려온 길 잃은 도시의 고라니
듬성듬성 베어지는 계절 사이 꼭꼭 숨어
이 비를 맞으며 헤매고 있지 않기를

사랑했었다 플라타너스 아래 그 많은 사연
빗물로 내리는 길
미루나무 꼭대기 구름
가을로 걸어간다

소나기

말없이 떠나간 그대인데
올 때는 세상 비 다 뿌릴 듯
비 맞이 준비할 새도 없이
절반은 대지에 내리고
절반은 가슴에 내린다

너무 좋은 인연은 비껴간다지
비 그친 틈새 날개 접고 숨 고르던 나비
날다가 날다가 풀잎에 앉을 때
맺혀있던 빗방울들 이별하듯
영롱한 눈물방울로 떨어진다

바람은 다시 하늘빛으로 오고
계절 향기는 사라지지 않아
소나기가 지나간 자리
조금 더 가벼워진
내 발걸음

겨울비가 하얗게 내린다

금잔화 피어나고 매미가 마지막 울던 시절
흙으로 스며들기를 소망하시어
명주천 곱게 쌓아 보내드린 아버지
지금쯤 따뜻한 곳에서 잘 지내고 계실까
눈 쌓인 하늘이 빗물로 흐른다

마주 보면 떨려오는 숨결 내게 닿을까
망설이며 서 있는 부슬부슬 겨울비
하얀 가시 얼음꽃 호숫가에 머물다
배웅하며 모두 내어주었어도
떠나가지 못하는 인연의 꽃물

엄마강

길을 걷다 마주친 할머니
엄마 주름을 닮았다

고단한 산허리 휘감고 흐르는
강물을 닮았다

계절풍이 불 때마다
빈 배 위에서 앞치마가 흩날렸다

깊어진 주름마다
작은 강들이 흘렀다

강물

강물은 눈에서 흘러나와
마음으로 들어갑니다

마음으로 들어간 강물은 눈물이 되고
눈물은 넘쳐흘러 다시 강물이 됩니다

나 때문에 피지 못한 것이 있을까
나 때문에 날지 못한 때가 있을까

먼 산 구름이 눈길을 피해도
빗나간 틈 속에 꽃을 피워준

강물은 눈에서 흘러나와
마음으로 들어갑니다

썰물

고래는 바다로 갔어
오롯이 물고기로 살아갈 것처럼
숨구멍의 흔적만 간직한 채
다시는 육지에 돌아오지 않을 것처럼 떠나갔어

신의 뜻대로 만들어진 파도의 기억
해초의 눈물은 하늘에 뿌려지고
밤이 되면 별들이 내려와
그리움을 조각하겠지

눈부셔, 노을로 타버린 수평선
흔들리면 어때
떠나간 추억을 기억하면 되지
이별과 기다림은 모두 내 안에 있으니

얼음 호수의 눈물

조금만 더 겨울을 인내하라던
보듬의 몸짓은 너무 아팠고
네가 가진 상처가
아물기를 소망했다

조금씩 사라지는 얼음 호수여
나를 버림으로 흘러가라
눈물 대신
꽃물로 피어나라

겨울이 호숫가에서 졸아도 좋은 닐

호수의 보초병처럼 전깃줄에 앉은 까마귀
눈동자를 굴리며 멀찌감치 떨어져 앉은 참새

깊은 겨울 아래로 달아나는 물고기
그 사이를 걸어가는 빈 마음

가장 따사로운 하루를 걷다가
쉬어가는 〈나루터〉 카페

뜨거운 커피와 얼음조각 서너 개
미지근함 언저리 커피 맛을 좋아하는 김 선생

햇살의 은혜로움에 호수와 커피 사이
겨울이 졸아도 좋은 날

그리움

유리창에 입김 불어놓고
손가락으로 그려보는 얼굴

너무 멀리 있어
너무 가까이 있어

조금씩 사라지는 글자
멀어지는 그대

살아갈 시간이 줄어들수록
희미해질 이야기

잊힐까
뜨거운 입김 유리창에 불어놓고

다시 써 보는
그대 이름 세 글자

첫사랑

나에게 너는 언제나 빗물
비 내리는 밤하늘에 별들을 불러냈던
다시 만날 수 없는 그날의 빗물

나에게 너는 5월의 플라타너스
너를 만나러 가는 길
플라타너스 가로수 사이로
간지러운 햇살로 뚫고 들어와
나를 웃게 하던 스무 살의 너

별빛 닮은 반짝이는 빗물
5월의 연둣빛 플라타너스
나에게 너는

時節

사과잼 속에는
갈 빛 하늘과 바람의 향기가 섞여 있고

굴잼 속에는
겨울의 추억이 꽃피어 있다

떨어진 솔방울에는
지난 계절의 목마름이 숨 쉬고

바닷길을 걷는 발길에는
봄이 따라오고 있다

이른 아침 숲으로 가는 까닭

숲으로 들어가면 나무로 자랄까

산까치 두 마리 함께 걸어주고
저만치 앞선 아침 안개

기도하듯 날개 모은 늦잠 자는 나비들
도토리 한 톨 찾는 다람쥐에 대한 예의

이슬이 남겨놓은 발자국 따라
마음 하나 묻으러 간다

나무에 걸린 오래된 연의 소망

겨울부터 나뭇가지에 걸려있는
오래된 연 하나
뭇별들 계절 따라 바뀌어도
떠나지 못하는 사연 하나

잎사귀 초록으로 물 들고
꽃 피고 지는 날
종이 한 장 명주실 한 줄
이토록 아름다운 종결
잊힘도 흐르듯이
혜성 따라 낙화를 꿈꾸는가

걸인에 가까울수록

찬바람 한 묶음 지나갈 때
쏟아지는 도시의 먼지를 삼키며
손끝의 실핏줄에 확인된
피가 돌고 있음

걸인에 가까울수록
빚에 빚이 쌓여
빚더미를 이고 가는
요령 소리 가득 가슴을 때려도

사랑할 수 없는 가슴은
증오조차 없는 가슴은

2부 소금밭의 쓸쓸함에 대하여

새벽이 와도

떠나지 못한 지샌달을 닮아

텅 빈 소금밭

무명작가의 조각상이 되어

팔짱 끼고 불어 보는

하얀 휘파람

소금밭의 쓸쓸함에 대하여

증도 갯벌 오래된 소금밭
창고 옆에 기대어 있는
녹슨 삽자루 하나
임차 받은 세상의 땅에서
수천 번 퍼 올렸을
따가운 삶에 대하여
새벽이 와도
떠나지 못한 지샌달을 닮아
텅 빈 소금밭
무명작가의 조각상이 되어
팔짱 끼고 불어 보는
하얀 휘파람

거미

허공을 기어다니다 지루해지면
쳐진 이마를 들이대고
이슬방울 속에 웅크린다

이대로 잠이 들면
다음 생은 거미로 태어날까
가는 다리 끌고 일어서 보련다

열어놓은 창문만큼 들어오는 한 뼘 바람
흔들리는 가는 거미줄
몇 권의 책이 내려질 때마다
다시 만들어지는 하얀 매듭

발효된 진통제가 퍼지듯
서쪽 하늘 물들이는
노을 속 붉은 심장

가장 싫어하는 것이
가장 그리워질 때

나 다시 돌아가리라

버스 정류장에서

밤의 도로는 바쁘다
별들이 도시로 내려와 걷는다
무더기로 내려온 별들을 치우느라
차들은 바람을 몰아쳐 끌고 간다
전전 버스 정류장
전광판 글자가 바뀔 때마다
길 건너 손님 없는 가게 주인의 졸음이
흐느적거리며 거리로 나왔다 들어감을 반복한다
버스 진입 중
도전과 희망을 실은 대항해 시대의 함선
탐험가의 거친 발걸음으로 버스에 오른다
교통카드와 버스비를 받아내는 기계 사이
짧은 순간의 침묵과 허락을 통보하는 기계음 사이
종이로 인쇄된 작은 버스표는
어느 수집가의 서재에 꽂혀 있고
코피가 터져도 기어코 겨울 바다를 향하는
버스를 기다리던 그 시절이 생각난다

길가의 빈집 앞에

붉은 맨드라미 한 송이 피었습니다

계절을 정복한 후 또 다른 계절을 탐하듯
그리움이 그리움인지 모르게
잠 못 이룬 지샌달은
새벽녘 서쪽으로 떠났습니다

뜨거운 쇳물 속 지금 막 튕겨 나온
아름다운 고통의 출산을 꿈꾸는
봉쇄된 자물통 양철 대문 앞에서
유물처럼 강렬한 기다림 완장처럼 둘렀습니다

마음이 조급한 태양은
시곗바늘 부여잡고
햇살 한 줌 내어주고 갑니다

길가의 빈십 앞에
붉은 맨드라미
한 송이 피었습니다

북촌을 걸으며

겨울이 가면 봄이 오도록
애쓰지 않아도
내 뺨을 스쳐 가는 바람처럼
그렇게 계절은 가고 온다

낡고 오래된 집 세상으로 마루 내니
햇살 한 줌 들어와
차가운 가슴을 달래듯이

이별이 있으면 만남이 오도록
애쓰지 않아도
마음 자락 스쳐 오는 사람처럼
그렇게 인연은 가고 온다

오래된 담장 틈새 남겨진 씨앗
희망 한 줌
단비를 기다리듯이

有心하게 걸어온 길
無心하게 돌아가는 길

착각

파란 바닷물인 줄 알고
나는 너를 향해 반갑게 손 내밀었다
손에서 서서히 빠져나가는 것은
아무런 색도 없는 바닷물이었다

깊은 바닷속에서 찬란했던
비취색의 속삭임은 어디로 갔는가
알 수 없는 그대
오늘 밤엔 푸른 달빛으로 떠 있구나

소금 바람

어부는 소 떼를 몰며 풀을 찾아 방황하는
어설픈 목동이 되었고
말초혈관의 바다까지 긁힌 조개껍데기
침묵하며 스스로 부서져야 했다

겨울잠을 일찍 깬 알래스카의 회색곰
메마른 유선에 젖이 돌도록
사라진 갯벌을 파헤칠 때
썰물에 떠밀려간 새끼를 찾는 어미의 울음소리
바다도 따라 몸부림쳤다

차가운 너의 몸 갈라진 나의 발바닥
고름 냄새 범벅이던
등 근육의 상처가 속으로 썩어
살가죽이 뚝뚝 떨어져야만
바닷가 보드라운 무덤에 닿을 수 있었다

지독히 가벼운 플라스틱 상자
애증의 손톱자국 남기며 얻은 흙탕물 한 모금
장대비라도 퍼부어 내린다면
너와 나의 자화상에 불어오던

소금 바람 씻겨질까

잡초라도 되어 흙덩어리 한 줌
하찮은 빗물이라도
부여잡을 수만 있다면

가을 장미

찬바람 한 줌
흔들려도 흔들림이 없는 꽃잎
부둥켜안아야 할 고독입니다

멀어져 간 계절
길게 목멘 이야기
노을 앞에 의자 내어
부서진 사랑가를 바느질합니다

오늘 밤 최후의 정열
그대 차가운 가슴
멈춤의 미학은 마음 지킬 용기

아름답게 부서져
철새 따라 이별로 흘러갑니다

인계동의 밤거리

인계동 밤거리에 걸린 비닐봉지 안의 인형
박제된 맑은 눈빛 내일 다시 걸리는 숙명
반복되는 노동의 삶은
탈출을 꿈꾼다

약속한 듯 모여드는 곳
빨간 고춧가루와 초록 쑥갓 두세 개 던져진
가락국수 한 그릇과 소주 한 병
내일로 이어주는 소박한 정찬이다

비틀거리는 멸치들 사이로
조미료 한 스푼
국물 향내가 코트 깃을 올리고
새벽 거리를 걷는다

오래된 미래 책방

헌책방은 분류상
책방이 아닌 고물상이란다
당진시 면천면 [오래된 미래]* 책방
기다림이 융단처럼 깔린
책들은 의자에 기대어 느린 거리를 읽는다
웅크린 기억들 다가서면 부서질까
펼쳐보면 와르르 쏟아질까
창문 틈 찬란한 햇살과 먼지로 다시 창작되었다
作家에 관한 신문 기사 작게 오려낸 조각
시집 「숙맥 노트」* 사이에 끼워져 다시 살고
누군가의 손에서 손으로
사람마다 다른 손금의 향기를 기억하는
「도미는 도마 위에서」* 詩人의
펜으로 남긴 날짜와 이름 세 글자
보들레르의 시를 평한 사르트르 번역된 복사물
어느 학자의 열정 안으로 스며든
냉철한 사유와 반듯한 존경으로 줄 쳐진 밑줄
창공의 풍등을 따라가는 설렘이
書閣 위에 전시되었다
물에 빠뜨린 다이아몬드와 이슬방울의 공통점은
물속에서 투명해지는 것

오래된 미래 책방은
이슬의 강렬한 진화를 꿈꾸는 이에게
오래된 미래를 세일하고 있다
헌책방은 고물상이 아니라
미래를 노크하는 책방이다

*「숙맥 노트」 유안진 시집
*「도미는 도마 위에서」 김승희 시집
* [오래된 미래] 책방 - 당진시 면천면 서점

직지사 천불상 前에서

나비의 혼이 날아와 앉듯
촛불은 허공을 태워
천불상을 기리어라

무릎 꿇은 목탁 소리 스님의 옷자락에
바람은 스스로 와 합장하고
이끼 낀 바위 턱에
객은 고요를 쓰고 홀로 극락이라

과거의 업으로 오늘을 사는
윤회를 생각하며
한 뼘도 되지 못할 찰나
천불상 앞 정좌한 스님의 몸을 빌려
다만 바른 중생이고저

지금은 너를 떠나보내야 한다는 생각으로

무심하게 떠나간 너의 하얀 동산 앞에
꽃 한 송이 놓고 간다

네가 그늘막 냉기 도는 담벼락 넘어
낙엽 냄새 스며든 숲속을 좋아하는 줄만 알았지
햇살 앉은 낮은 언덕 민들레 홀씨 따라
너의 숨결 멀어질 줄 몰랐어
가까이 있어도 깊은 우물 속 보지 못해
잘 몰라줬던 미안한 마음

나무 끝에 걸린 지난겨울의 연줄처럼
그립고 애달프다

이석증 앓는 사회

바르게 서 있어도 빙빙 돈다
내가 돌고 있는가
네가 돌고 있는가
순박한 눈빛에 현기증을 일으키는 천박한 편견
각박한 계절에 야박한 세상 이야기
겁박하는 미소에 긴박한 심장 소리
길가에 주저앉아 잠시 숨을 골라야 한다
어지러운 증세가 가라앉기를

처방전은 프린터에서 자동 출력되고
약 봉투를 받아든 우리는
길 위에서 방황하는
땅속 뿌리털 같은 존재들이다
수경재배 신세가 되어
주는 대로 흡수해야 하나
흙으로 돌아가는 선택의 권리가 있기나 한가
집으로 돌아가는 길이 멀다

휴일 아침에 나는 카페에 간다

휴일 이른 아침
빌딩 숲 모퉁이 돌아 카페에 간다

눈치 없는 도시의 까마귀 떼처럼
낯섦이 머물던 옆자리에 비비고 앉아
가깝게 있어도 섞이지 않는 적당한 평행선 위에
마녀의 치맛자락 같은 계절을 인내하며
가끔 고개를 내밀면서
희망에 대한 믿음을 시험하듯
여기저기 숨어있는
내일을 찾는 사람들의 속삭임

커피와 음악과 의자 하나
같은 듯 다른 듯
창문과 창문이 연결된 빌딩 안에서
다 함께 일출을 꿈꿀 수 있는
무심함 속의 자유가 그리워
휴일 이른 아침 카페에 간다

오늘 겨울은 춥다

집 앞 호수의 반이 얼었다
며칠째 이어지는 텔레비전 화면에서는
갈고리 같은 말들이 오고 갔다
지난밤 달물결의 낭만이 만들어낸
음산한 달안개

아침은 물에 빠진 별들을 건져 올려
겨울나무에 걸어 놓았다
눈발 날리는 덕장의 늘어진 명태는
얼마나 더 녹았다 얼기를 반복해야 황태를 꿈꿀까
누군가 흘리고 간 스카프
나뭇가지에 걸려 찬바람에 흩날렸다

나도 춥고 너도 춥다
한 움큼 보습제를 짜내어
건조한 외침에 발랐다
식어버린 커피를 목마른 성대에 들이부었다

이번 겨울은 갈증의 연속이다
오늘 밤엔 수도꼭지라도 틀어놓아야겠다
해빙이 멀지 않기를 바라며

조개껍데기

나의 마음을 가볍게 해주오
갈구 애착 지나가는 바람에 내어주고
망부석으로 남은 마음

비단 액자 안 가난한 사공 되어
건네준 만큼 비어 있는
동그란 볼우물 사랑

작은 섬 바닷가 마을
소박한 등대의 마음
무명의 시인으로 살고파

3부 그리움이 내 안에서 더 크게 그립다

물속에 빠진 파란 하늘

잔물결이 간지러워

웃음이 물속에서 더 크게 웃었다

그리움이 내 안에서 더 크게 그립다

눈을 감으면
맑은 우물 첨벙대는 작은 손
물속에 빠진 파란 하늘
잔물결이 간지러워
웃음이 물속에서 더 크게 웃었다

뜨거운 여름날 정오쯤 햇빛을 가릴 지붕이 없는 우리 동네 빨래터엔 사람이 없다는 대단한 비밀을 깨달은 아이 빨래하기 가장 신나는 기회다 어머니가 막냇동생 기저귀 내어놓는 순간 낚아채어 대야에 담고 빨래터로 달려갔다. 떨어진 곡식알을 찾아내는 참새 눈으로 아주 좋은 자리 곁눈질하다가 허벅지 굵고 돌덩어리도 빨아버릴 것 같은 넓적한 손을 가진 아줌마가 차지하던 명당자리 탐내던 그 자리에 버티고 앉아 세상에서 가장 멋지게 빨래하는 행복한 아이가 되었다 작고 동그란 얼굴에 이제 곧 빼야 할 흔들리는 하얀 이를 보이며 귀여운 땀방울이 송송 맺혀도 마냥 즐거웠던 빨래터 가는 일 세월은 우물에 흙을 메웠다 눈을 감아야 떠오르는 작은 손이 만들던 잔물결 소리 아침을 준비하던 젊은 어머니의 쌀 씻는 새벽 소리 나의 계절은 여름에서 가을로 가고 어머니의 계절은 겨울 끝자락에 먼저 가 있다

눈을 감으면
그리움이 내 안에서 더 크게 그립다

감나무의 회귀

내가 아주 어릴 적
흰 수염 바지저고리 할아버지
따뜻한 봄날 감나무 가지를 가져와
뒤꼍 작은 고욤나무에 접붙이기를 해주셨다

나무는 날마다 자라는 봄이 되었다
감꽃이 떨어지면
초록별들이 나무 아래서 반짝였고
어느 해인가 별들이 유성우처럼 떨어졌다

고향 집이 아득하다
주렁주렁 매달린 세월
지금쯤 감나무는
고욤나무의 기억을 가슴에 품고
잘 지내고 있을까

평창의 밤하늘에 별들이 밝다

밤새 창가에 매달려 있는 매미의 사연
너는 어디 있다가 이제야 모습을 드러내는가
어둠은 어머니의 자궁 속처럼 안식을 주면서
세상에 나갈 희망을 빨아들이며 밝음으로 성장한다

아침이 오면 산그림자는
땅으로 내려온 별들을 품고
그 별들이 나무에 걸려
열매로 자라고 있는 전설을 기억할까

오늘 밤
평창의 밤하늘에 별들이 밝다

1990년 봄, 신기리에서

스물셋 봄날
하루에 네 번 출발하는
시골 버스에 올라 도착한 곳
첫 발령지 문광초등학교

산들이 막은 빗길 뚫고 들어와
운동장 언덕 작은 집에 짐꾸러미 풀 때
앞산 뒷산 산안개
비와 함께 바라보고 있더라

아름드리 느티나무 네 그루
운동장 언덕 넉넉한 왕벚나무
빗물에 추울까 봐
꽃망울 꼬옥 안은 작은 학교

논두렁 개울가 올챙이
개구리 되기 위해 애쓰는
겁 없는 설렘이 낯설다

아이들 소리로 시끄러울 운동장
마음 달래어 방문 열고 내려다보니

진달래 멀리서 곱게 마중 나와 있었다

* 봄비 내리던 첫 발령지 충북 괴산군 문광초등학교 사택에 입주한 날의 소고

냉이꽃이 피었습니다

제 몸보다 높은 담장 아래
당당한 흔들림으로
지친 다리 끌며 걸어온
향기 묻은 사연들

장미꽃을 닮지 않아도
슬퍼하지 않도록
완숙한 봄을 잉태하여
냉이꽃별로 반짝입니다

낙화
– 故 이어령 선생님을 추모하며

잘 계시오 잘 사시오
봄꽃 닮은 말씀
슬프게 눈부셔라

꽃잎 한 장 구름에 띄워
낭만을 노래하고
날카로운 지성을
달빛에 버무려
따뜻하게 빚어낸 당신

계영배 한잔 비워내며
땅은 뿌리를 붙들고
바람은 꽃잎을 날려
요령 소리 따라가네
훠이 훠이

아버지, 꽃밥 한 그릇 잡수세요

감로수 한 잔 목축이시며
꽃길로만 가셔서
산과 들에 피어나는 꽃밥 한 그릇
사시사철 챙겨 잡수세요

매미 울음소리 들릴 때
먼 길 가신 아버지
8남매 보듬어 곱게 길러내신
국어 선생님 우리 아버지

남겨주신 삶의 시간
소중하게 붙들어 잘 살겠습니다
아버지의 딸로 태어난 因緣
감사하고 사랑합니다

촛불 켜고 향을 피워
두 손 모아 절합니다
차가운 날에는 따뜻하시고
소년이 되어 다시 돌아오세요

산책

한쪽 볼우물에 휘파람 숨기고
떨어진 버찌를 줍는 산새
그들의 일이 방해되지 않도록
숨조차 쉬지 않고 멈춘 발길
버찌 색으로 두 눈이 물든다

나는 빨간 눈을 가진
마다가스카르의 여우원숭이가 되어
바오바브나무 그늘 속으로부터 탈출하여
거대한 대륙을 찾아 떠나는
바다 건너 강렬한 진화를 꿈꾼다

꿈꾸는 자만이 느끼는
무한한 말 줄임의 환희
그 어디쯤의 길 위라도
요정 같은 思惟를 품은
어제보다 익숙해진 길을 걷는다

팔달문 밥집에 앉아

팔달시장 골목 작은 밥집
고운 신발 신고 오신 하얀 손님들
다리도 아프고 숨도 차지만
집에 있으니 날씨가 너무 좋아서
그냥 있을 수가 있어야지
느린 걸음으로 택시를 불러놓고
급한 마음보다 더 빨리 온 택시에 틀니도 빼놓고
서둘러 가려는 시간 붙잡아 시장에 왔어

홀로 먹었던 아침밥
약국에 들러 만병통치약 소화제 한 병 마셔 내리고
잊히는 고향 장터 꽃 같은 알록달록 옷차림
사람 구경하러 왔어

깊은 주름과 무릎 통증은 작은 가방에 쑤셔 넣고
기다림 속에 나온 죽 한 그릇
한 숟가락 퍼 올리면
조심스레 떠오르는 친정 고향 어머니 아버지
또 한 숟가락에 60여 년 퉁명스럽던
그리운 애들 아버지
기력도 기억도 없어져 요양원에 들어간

이웃집 말동무

그렇게 인생은
살아지는 것
살아 내는 것
어느 봄날 팔달문 시장 밥집에 앉아
이름 모를 할머니들의 독백을
숟가락으로 퍼 올린다

비둘기, 숲으로 가는 길을 잃었습니다

도시 비둘기가 예쁜 알을 낳았습니다
매탄동 아파트 16층 실외기 곁에 집을 짓고
아스팔트 냄새와 자동차 소리에 익숙해지고
나무들과 나무를 추앙하는 작은 벌레들이 있기에
콘크리트 구석 파고들면
작은 몸 누일 둥지 한 개쯤은 얻을 수 있기에
높은 창틀에 앉아 있다 보면
누군가는 호기심 어린 반짝이는 눈빛으로
살갑게 다가와 주는 선한 이가 있기에
아파트 삶에 길들었습니다
수천 번의 날갯짓 숨 고르기 할 새 없이
나뭇가지 입에 물고 돌아올 즈음
둥지는 부서지고 알들은 땅에 떨어져
별꽃이 되었습니다
부리는 지치고 무뎌졌으며
숲으로 가는 길을 찾을 수가 없습니다
오늘도 눈먼 비둘기가 되어
높은 창공을 날다 둥지가 있던 곳으로 돌아옵니다
별들은 반짝임으로부터 멀어졌고
가혹한 기억의 표정 없는 두 눈
현기증 울렁이는 창틀에 앉아

이 운명에 대하여 잿빛 휘파람을 불어봅니다
아프로디테의 비둘기로 환생하여
남천 나무 붉은 열매 면류관처럼 남아있는
흰 눈 소복한 깊은 숲에서
박제되는 꿈을 꿉니다

수원화성 서장대에 올라

팔달산 숲길 따라 서장대에 오르니
형제처럼 든든한 동장대
화서문 장안문 창룡문 팔달문
아래로 화성행궁 정좌하고 있다

봉수대 연기는 다시 피어오르지 않고
구름을 가르던 북소리도 멈추었다
가슴에 시퍼런 멍 하나
밤마다 숨죽여 폐를 찢었을 정조대왕

먼 길 내려와 땅에 닿았던
회한과 치유의 발길
바람에 간간이 흔들리는 솔잎
풍경소리 닮았다

나무 끝에 매달린 씨앗은
떨어지는 기억을 잊었는가
그 씨앗 떨어져 풀이 되고 꽃이 피어나도록
무너진 성곽길을 다듬는 석공의 망치 소리
오늘을 이어 붙이고
성신사 옛터의 향내와 축문 소리

서장대에 올라와
한양으로 돌아가는 길 보듬는다

을왕리 해변에서

서둘러 배웅 나온 달맞이꽃

서쪽으로 달려간다

먼저 떠나가는 밤하늘의 별들

기다리는 을왕리 해변으로

선녀바위 올라간 갈매기 서너 마리

멀어지는 바다에 욕심이 없고

태양 꼬리를 잡으며 노는

사람들의 손짓이 곱다

별들을 보내는 달맞이꽃

새벽이 올 때까지

바닷가에 앉아 있다

고물 장수

국화꽃 연기처럼 피어나던
아랫동네 내려가는 길
보리밥 덩어리 소금에 절인 무 조각
누이 같은 햇살에 기대어 졸고 있던 계절
유년 시절 한 숟가락 떠먹고 있었다
고물 장수 입에 들어간 그 맛을 이해하기에
내 손은 너무 작았다

마음이 조급하여 찢어진 종이상자
아랫집 할머니의 허리 닮은 낡은 호밋자루
막걸리 간장 기름병을 오가며
닳고 깨져버린
때로는 꽃병이 되어 활짝 피어나기를 소망했던
세상의 색깔을 마술처럼 보여주던 유리병
버려진 것들에 대한 쓸쓸함이 실려 갔다

고물과 교환된 엿맛
일곱 살 아이의 눈에 비치는
세상의 못난 것을 거두어 주는
고물 장수의 뒷모습은 위대했다

여름과 가을 사이

조금 낮은 비올라 선율로
왈츠를 들으면 좋은 날

흰색 운동화에 헐렁한 셔츠와 청바지를 입고
갈 빛 노래 부르며 혼자 걸어도 좋은 날

말려둔 장미꽃잎 에스프레소에 빠뜨려
느리게 마셔도 좋은 날

愛人을 기다리듯 설렌다
길 끝에 가을이 나와 있을까

겨울과 봄 사이

냉장고 구석에서
쪼그라들고 있는 귤들을 꺼냈다
귤이 귤이 되기 위해 인내한 세월
햇살 끝자락을 닮았다

다시 돌아올 봄날이
조금 더 길었으면 좋겠다

겨울이 걸어 나와
새로운 계절로 가도록
가장 나약한 곳에
먼저 손을 내밀도록
해빙된 호숫물
밀물처럼 출렁였으면 좋겠다

안목 해변 카페에서

오랜 세월 깎여도
둥글지 않은 모래알과
스무 살 시절 닮은 밤바다 노래

까탈스러운 별빛들이 귀에 대고 속삭인다
내가 빛날 때는 네가 어두울 때이고
네가 빛날 때는 나는 어둠 속에 있어

유리수와 무리수가 만나면 실수가 되고
너와 내가 만나면 우리가 되는 거야
비로소 섞이어 늘어진 하루를 마신다

그리움 두 개

1. 그리움 하나
도란도란 소풍 가는 길
빨간 사과 주렁주렁
1990년 11명의 아이들과 선생님
가을 소풍 목적지는
고추밭 지나 학교 뒷산
선옥이네 과수원 꼭대기

2. 그리움 둘
첫 발령 교실에서
선물이라며 꼭꼭 숨겨
지렁이 한 마리 내 손에 쥐여주고
파랗게 놀라는 모습에
민망하고 미안한 마음들이었나
자꾸만 곁에 와 웃음 날리고
그날은 얌전히 선생님 말씀도 잘 들었다

4부 가을 나무의 외출

일어나서 떠나자

비어서 무거운 갈잎 내어주고

채워서 가벼워진 풍선 하나 들고

가을 나무의 외출

몸을 뚫은 심장 끝 주사액
화려하게 침잠하는 사이
목 빼고 나를 찾는 그대

하얀 관은 내 몸에서 빠져나가
쓰레기통에 버려지고
남은 것은 빨갛게 익어 말랑해진 눈동자

일어나서 떠나자
비어서 무거운 갈잎 내어주고
채워서 가벼워진 풍선 하나 들고

내 몫을 다했으니 기다리던 그대 손잡고
달 물결 흐르는 숲
마음 닿는 곳으로

광교산 형제봉

산에서 빛이 나
숲길 따라 걸으면
부처님의 가르침을 준다는 광교산의 전설

걷고 또 걷다 보면 108번뇌 끊어질까
가벼워진 두 다리 비워내는 마음 자락
샘물을 잉태하여 사방으로 흘려주는 산자락

오르막길 내리막길 깔딱고개 넘어
구름 내려간 자리
휘어진 소나무에 어깨 내어준 형제봉

골바람 올라와 꽃향기 남겨주고
산새 몇 마리 곁에 있어 충만하니
이대로 너를 닮은 바위 되어도 좋겠다

가을날, 암자 뜰에 앉아서

시절을 둘둘 말은 노스님의 장삼 자락
뒤척이던 지난밤의 어둠
빗자루에 쓸려지고
둥글둥글 투박한 돌우물
크기만큼 담아두고 넘친 물은 흘린다

애쓰지 마라
때로는 머물고 때로는 떠나가니
구름은 비로 내려 울어주고
눈으로 내려 냉정함을 선물하고
무지개로 나타나 열정을 던져주더라

사람 향기 돌고 돌아
바람의 숨결에 살고
떨어지는 나뭇잎 돌우물 속에서
가라앉았다 떠올라
빙빙 돌다 흘러간다

구하지 않았어도 발길 먼저 들어와
절정을 찾아가는
만다라 환생한 듯

활짝 핀 국화꽃
하늘마음 닮았어라

키오스크 사용 설명서

널어놓은 젖은 빨래처럼 늘어진 저녁
카페로 갔다
단체복으로 무장된 직원과 나 사이에
주문은 키오스크로 해주세요

방어벽처럼 서 있는 키오스크
알 수 없는 너의 마음 염탐하며
손가락에 눈을 붙여 찔러본다

콕콕 여보세요, 콕콕 커피 주세요
간지럽다고 꿈틀거리지도 않고 웃지도 않는
친절한 키오스크
지금은 침묵하고 싶은 딱 내 스타일이야

고소함과 산미 사이에서 말 줄임표
기세등등한 키오스크
그들의 미소는 결재 완료

산장
– 오렌지 꽃향기는 바람에 날리고

봉화 산길 꼬불꼬불 올라오니
[오렌지 꽃향기는 바람에 날리고]
저 멀리 청량산
산허리 구름도 비껴 있다

청량산인 오산당 글 읽는 소리
입신출세 한양으로 오고 가고
골바람 타고 내려간 샘물
낙동강 물길 열어 바다로 간다

남쪽으로 창문 열어젖히니
산수화 숨결 내게로 닿고
장대한 山자 호랑이처럼 앉아 있다

산마루 사과나무 녹색으로 가득하니
파란 하늘에 빨간 사과 물드는 날
오렌지 꽃향기 바람 불어 닿은 인연
이 높은 산장에 다시 찾아와야지

* 청량산인 : 퇴계 이황의 호.
* 오산당 : 퇴계 이황이 청량사 내려가는 길목에 오산당을 지어 제자들을 가르쳤다 함.

구멍

시내 중심가 도로 한복판에
구멍이 뚫렸어요
작은 구멍을 메꾸느라 소란스럽네요
괜찮아요
몰랐던 땅의 마음을 들여다볼 수 있잖아요

가위질이 서툰 여덟 살 아이
연필로 그려놓은 사랑의 하트 오려 내다가
빨간 심장이 나뒹굴어 버렸네요
괜찮아요
구멍 난 하트 모양이 남아 있잖아요

우리는 바깥쪽 구멍에 빠져
허우적대는 하루를 살고 있지 않나요

칡과 소나무

어찌하여 둘은 가까이 있어
네가 죽고 내가 사는 숙명을 가졌던가

경복궁과 빌딩 숲 사이
서울역 광장과 버스 환승 정류장 사이
망설이는 시간을 위해 퍼부어대는 황사비

겨울 숲은 차갑지만 모든 걸 드러내어
날카롭지만 정직함이 매력이라
보듬어 품어주고 싶음은
다시금 따뜻한 봄을 위해
나를 낮추고 너를 위하는
나팔꽃과 이슬의 공존이
그리워지는 까닭이다

내 발에 굳은살이 생겼다

심장에서 멀리 있었던
발가락의 근육에 균형이 깨졌다
잃어버린 기억의 부스러기
무심했던 굳은살로 남아도
명령에 반항하듯 되돌아오지 않았다

서로에게 낯설다는 것이
친숙함보다 더 익숙해지고
떠도는 세상 하나 건져 올려
손쉽게 하이퍼링크되는 도시에서
너는 묵묵히 걸어가고 있었다

때가 되어 너에게 물을 주지 않았어도
분노가 벽을 타고 기어올라
발버둥 친 흔적으로
말라버린 줄기로 남을 때까지
잘도 버티고 있었다

이제는 내 차례다
있는 힘을 다해 주물러댔다
세상에 처음 당하는 충격을 뒤로하며

피가 돌고 있음을 확인하기 위해
눈과 손은 간절히 굳은살을 품는다

낙타의 꿈

타인의 삶을 위한 숙명을 가지고 태어나
오늘도 짧은 어깨 위에
제 몸보다 무거운 짐을 얹고 사막을 걷는 낙타

위로받는 것이 어색한
계절의 끝자락에 걸린 인내
저녁 하늘에 풀어내어 더 붉어진
노을 닮은 착한 사람아

조립이 완성되어 가는 단계 앞에
앞으로 쏟아질 일도 뒤로 넘어갈 일도 없도록
달이 뜨기 전에 끼워야 할 마지막 나사
모래사막 저 멀리 던져버리자

거칠어진 발바닥 따뜻한 물로 씻겨
부드러운 천으로 감싸고
정글의 사자를 만나러
어릴 적 해맑던 아이를 만나러
비워내고 떠나자

손잡고 함께 떠나주리라

낙타를 닮아 어여쁜 그대를 위하여

무명용사의 거울

깨진 거울 속 피 흘린 얼굴
간절한 귀향의 소망은 너무 멀구나
장전된 총알은 녹슨 채 남아있고
총상 입은 청춘은 백골이 되었다

절망하는 청춘을 들여다보는 것은 죽음보다 싫다
피맺힌 목소리 어디선가 들려도
엎어진 영혼이 흘려낸
현기증 나는 핏물이 계곡을 메웠다

찢긴 손금은 미풍에도 아파져 오고
가슴팍에 묻어둔 고향 하늘
포탄의 먼지 위로 하얗게 손짓하는 까닭
차라리 몰라라

동그란 거울 속에
하늘은 푸른데
하늘은 푸른데

* 1953년 여름, 휴전을 앞둔 내설악 어느 전장에서 이름 모를 젊은 군인은 총상 입은 몸으로 손에 거울을 든 채 엎드려 숨을 거두었다.
* 1989년 6월 00일보 국군유해발굴 특집 신문 기사를 읽고 씀.

알람 시계

반복되어 울리는 알람 시계
겨우겨우 손으로 밀어 올린 하루

사과 한 알 씻어 대충 잘라 입안에 넣고
어제 만들어진 허물들 세탁기에 몰아넣었다
곤충도 아닌데 날마다 탈피를 꿈꾼다
세제 한 움큼 가장 이상적인 망각의 도구다

출근길 사거리 높은 빌딩 위로
커피 한 모금 쏘아 올린다
신호를 기다리는 끈적거리는 시간
긁어모아 목구멍으로 삼킨다

마음 닦기

하루의 시작은
자식의 밝은 길을 소원하는
어머니 손길처럼
앞으로 비비고 뒤로도 비벼
밤새 벗어놓았던 안경을 닦는다

존재의 무게를 저울질해댔던
하루의 끝
흐릿한 눈 맑게 보여줄
마음 안길 들여다보고 마음 뒷길 다듬어
무지와 과욕을 경계하는 마음을 닦는다

당근을 씻으며

검은 흙 속에 묻혀있다가
날마다 세수하듯
너와 나는 껍데기를 벗겨내는 습관을 지녀
서로의 색깔을 보면서
냉정과 배려의 지팡이를 짚어가며 위로를 나눈다

우리는 얼마나 많은 짐을 등에 지고 살고 있는가
가늠할 수 없는 수많은 오해와 이해 사이에서
맞지 않는 열쇠로 자물통을 열려 하고 있다
열리지 않는 문을 외면하지 못하고
맞지 않는 열쇠를 버리지 못하고

사냥을 위해 절벽을 뛰어내리는
표범의 무모한 덤벼듦으로
닦아도 닦아도 주홍빛만 나오는
오늘도 열심히 내 살을 깎으며 살고 있다

어른 시절

산길을 오르다 예쁜 돌을 밟았다
내 발바닥을 미끄러지지 않게 지탱해 줄 것은
모순덩어리 같은 작은 돌기들이 있는
멋없는 둔탁한 돌이란걸
발이 미끄러진 후에야 깨달았다
한 움큼의 세제는 날마다 묵은 때를 씻어내지만
더 많은 결벽증을 생산했다
옷을 입으며 하루를 열고
옷을 벗으며 하루를 마감하는
의식을 치르는 동안
몇 마리의 오징어는 햇살에 항복하듯 늘어졌다
신념이 꽃을 피우려 인내할 때
그 인내가 열매 맺기 전에
사람들은 덜 익은 강냉이에 설탕을 발라
서둘러 튀겨냈다
삶이 숨겨둔 무심함이 튕겨 나와
복잡해진 도시의 거리에 나를 뱉어놓는다
왜 몰랐는지에 대한 답은 무관심
10년 가까이 운전하고 다니던 차를 떠나보내는 날에야
몇 개의 몰랐던 차의 기능이 처음인 듯 알게 되는 것은
두 손 허리에 올리고 갯바위에 앉아

파도에 맞서는 미소의 허세인가
어디선가 툭 떨어진 것 같은
어쩌다 어른 됨의 시절이다

그네

오늘 하루 비틀거릴지라도
한낱 어릴 적 흉몽 같은 것일 뿐

중력의 힘으로 내려진 두 줄에 매달려
중력을 거스르는 날갯짓

나아감이 있으면 물러남도 있는 법
흔들림 속에 중심 잡기

꽃의 마음

찬 이슬에 엎어질 짧은 하루라도
하늘을 보고 바람도 느끼고 싶은
긴 자유를 소망하리

우리에게 저 꽃을 꺾을 권리가 있는가

사연 써 내려간 종이의 마음
유리병에 담아
기적이 일어나지 않더라도
바다 끝 작은 섬에 닿는 것
그것이 꿈일지라도
강물 따라 흘러가고 싶은
내 앞에 남겨진 계절

5부 너는 오후 2시의 커피

햇살로 우려낸 바람 닮은 향기

오늘이라는 기쁨 한 모금

너는 오후 2시의 커피

너는 오후 2시의 커피

졸음 위를 지나던 수줍은 계절풍
초록빛 풀들 옆에 말없이 앉고
잊었던 붉은 그리움 꽃으로 피어난다

피어난 꽃들은 입술의 체온을 기억해
마음을 찌르는 통증에도 이별은 소화되지 않았다
익숙한 쓰라림쯤은 사랑의 이유가 되는

햇살로 우려낸 바람 닮은 향기
오늘이라는 기쁨 한 모금
너는 오후 2시의 커피

말린 꽃을 바라보면서

내 지금 화려한 표정으로
그대 볼 수 없음을 슬퍼하지 않는다
커다란 항아리에 아무렇게나 꽂힌대도
가을 저녁의 노을처럼 평안하고
계절이 바뀌는 진통이 독감으로 시작될 뿐이다

바람은 계절을 부르고
시간은 사랑을 사냥한다
하루 지나 시들어버릴 번화가의 불빛들
마네킹의 플라스틱 미소
화려한 의상 속에 숨겨진
텅 빈 마음을 발견할 때마다 일어나는 현기증

도시의 구석 어디엔가
썩지 않는 마른 꽃이 있다면
촛농의 하얀 몸짓으로
기다림의 영혼을 안을 수 있겠다
내 살아가는 동안
가을 저녁의 노을처럼 평안할 수 있겠다

자율속도조절기

안 하면 못 배길 것 같은 이야기 뱉어놓고
되돌릴 수 없는 후회의 순간
망각이란 놈이 좀 더 빨리 와
기억 속이라도 평온해지기를

물만 바라보며 오랜 시간 낚시터에 앉아 있는
강태공을 탓하지 않을 일
낚싯줄마다 이런저런 사연 걸어놓고
말 못 할 사연일랑
물속에서라도 천천히 풀어지라고
잊어야 할 일은 가장 빠르게 잊히라고

여전히 지구는 태양을 사랑하고
달님은 지구를 짝사랑하며
행복한 법을 배우는 중이다
잠시 쉬어가면 어떤가
괜찮아 그럴 수 있어

처음 살아보는 인생이니까

다 잊은 게 아닌가 보다
살얼음 만들어지는 겨울에도 메마른 나뭇잎
그 여린 숨결로 남아 있는 사연
다 잊힌 게 아닌가 보다

날 서린 무기처럼 압박해 오는
기꺼이 함께 걸어가 보자 했다
삶이란 게 그런가 보다 했다
처음 살아보는 인생이니까

밤사이 별들은 사연 하나 품고
가장 밝은 빛으로 사라졌어도
잊은 게 아닌가 보다
다 잊히는 게 아닌가 보다

사라진 별은 내 가슴안에서
아파도 반짝이더리
어두운 우주에서 별들은 빛나고 있는 거더라
밝음과 어둠을 드나들며 살아가는 거더라

행복 속도

누군들 빨리 달리고 싶지 않겠는가
낡고 오래된 1t 트럭의 최고 속도는 시속 80km
작은 방 하나 들어갈 만한 살림살이 넘치게 싣고
경부고속도로 상행선 저속차선
쉬지 않고 달린다

빠른 속도를 맞출 수 없다면
누군가 저만치 앞서 나가도
나만의 규정 속도를 지켜나감이 옳다
서로가 같은 속도로 맞출 필요는 없다

옆에서 말없이 걸어주고
속도를 인정해 준다면
나는 너의 벗이 되고
너는 나의 동행이 될 수 있으리

속도보다 중요한 것은 지금을 살아내는 것
추월선을 빠져나와 함께 달려보는 것
1t보다 헤아릴 수 없는 우리네 삶의 무게
넘어지지 않을 행복 속도는
시속 80km

용화사의 가을

요사채 처마 끝에 곶감들이 염주처럼 걸리고
숲으로 퍼지는 대웅전 풍경 소리
계절은 오래된 바구니 안에서
또 하나의 기다림을 배운다

깎임으로써 생기가 돋는 계절
절망으로써 희망을 꿈꾸는 계절
오후의 산들바람처럼 찾아든 객을 향해
건네주는 여승의 손길
껍질 한 겹 벗겨낸 홍시감

뜻 없이 걷다가 올라온 용화사에서
시끄러운 마음 뜨락에 내려놓고
따뜻한 인연 하나 앉았다 떠나간다

의자에 대한 프롤로그

교직 생활 34년
눈 펑펑 내린 날 한 세상을 곱게 접었다
색바랜 사인펜과 주인 없어 내 책상 서랍 둥지에
머물던 연필들과 이별했다

가장 갖고 싶은 의자가 생겼다
기대어 책을 보다가
졸음을 허락해도 괜찮을 흔들의자를 살까
거친 듯 고요한 나이테
정글의 카오스에서 태어난 원목 의자를 살까

미루어지는 구매 결정으로 창고에 있던 접이의자를 우선 사용하기로 했다 고층 삶의 낯섦을 극복한 의자는 내 짧은 다리와 몸통을 편하게 감싸주고 거실로 들어오는 햇살 결 따라 쉽게 이동하여 앉을 수 있다 그러나 견고하지 못하여 부러지기라도 하면 또다시 의자를 찾는 과정을 되풀이할 것 같다 어찌 보면 나는 태어날 때부터 의자를 찾아 헤매왔던 쉰 살 끝자락의 시간 여행자 사랑에 목숨 건다는 20대 열정의 연인은 눈 내리는 겨울날, '신부 의자'에 앉아 하얀 카라 향기로 천년의 사랑을 속삭였다 가족을 만들어 나의 아들이 벌써 나와 남편이 사랑하던 때보다 더

나이가 들었다 신기리 오래된 학교에서 시작된 '의자'는 시
골 아이들에게 무엇이든 가르치려는 욕망으로 가득했다
시간이 갈수록 '무엇을 어떻게' 가르침에 대하여 고민하게
했고 겸손과 자기 연찬에 관하여 나를 공부시켰다 운동장
의 다섯 그루 아름드리 느티나무, 가을이면 낙엽을 성처럼
쌓은 후 달려가서 몸을 던지면 푹신하게 받아주던 세상에
둘도 없던 낙엽 침대, 그 위에 누워 먼지와 함께 뒹굴던 나
와 아이들 웃음소리 24살과 12살의 띠동갑 선생님과 학
생의 마주 보던 작은 의자들 오늘의 과거와 미래를 이어
주는 34년이란 시간의 인연을 만들어 놓았다

앞으로 내가 앉을 의자의 가치는 무엇으로 결정될까
청춘이 가진 젊음보다 멋진
의자를 찾아가는 나의 고단한 즐거움은 진행 중

괭이밥꽃

새콤했던 어릴 적 기억을 더듬어
낮은 곳을 보아야만
피어있는 괭이밥꽃

사력을 다해서 침묵하지 말고
바스러지게 버티지도 말고
높음도 낮음으로
빈곤도 풍요로움으로
겨울이 봄으로 오듯
오늘로 왔다가 내일로 가는 것

땅바닥 부여잡고 피어있어도
살아진다는 것은
살아낸다는 것은
낮아도 작아도 소리 내지 않아도
소중히 떨리는 한 편의 시처럼
귀하고 소중한 것

히어리*

올 듯 말 듯 부끄럼을 타는 애인처럼
마음을 간질거리는

얇디얇은 눈 비늘로
긴 긴 겨울 고개 넘은

한 송이 한 송이
다시 시작하는 사랑이듯

노오란 꽃잎 자락 살포시 퍼지는
히어리 히어리

---

* 히어리 : 우리나라 고유종 꽃으로 꽃말은 '봄의 노래'이다. '히어리'는 순수 우리말로 지리산 지역의 사투리. 송광사 근처에서 발견되었다 하여 '송광납판화'라고도 불린다. 현재 환경부 지정 '멸종위기 2급 식물'이다.

매미가 내 창가에 머물 수 있는 확률

소나기를 닮았다
창가에 머물다 날아간 매미 한 마리
아무 흔적도 남기지 않았다

나무는 나무가 되기 위해
깊은 뿌리를 내리고
매미는 허물을 벗으며
울음으로 자신을 증명하는가

기억하는 모든 것은
낙엽처럼 흩어졌지만
계절이 지나면 그 순한 울음
시인의 펜 끝에서 다시 운다

기차 소리 사라진 간이역
대합실에 머문 8월의 태양 같은 오후
다시 올까
창가에 서서 오지 않을
너를 기다린다

팔달문 꽃집 앞에서

꽃집 부부는 오늘도 트럭에
봄을 실어 왔습니다

실려 온 봄들은
작은 꽃집보다 넓은 길가로 나와
꽃 빛들을 뽐냅니다

지나가던 할아버지 웅크리고 앉아
방금 태어난 손주 바라보듯
환하게 웃습니다

곱슬곱슬 중년 부인 무릎 통증 붙잡고
애완견 바라보듯
가만히 들여다봅니다

시장에 나올 때만 차려입는
유행 지난 양복 자락 늙은 남편도
할머니 옆에서 청년의 눈빛이 됩니다

아직 늦잠 자는 봄들 깨우러
꽃집 트럭이 다시 출발합니다

순두부찌개는 사랑을 끓입니다

차가운 빵과 우유로 아침을 열고
일터에서 숙명 같은 하루를 보낸
금요일 퇴근길

숙성시킨 액젓 한 스푼
태양초 고춧가루 두 스푼
사랑인지 측은지심인지 마늘과 새우 세 스푼
새벽 배송으로 사놓았던 맑은 순두부 넣어
매콤한 찌개를 끓이니
수국 한 송이 보글보글 피어난다
냄비 안에서
내 마음 안에서

팔팔 끓어 넘치는 국물
감성과 논리의 경계는 사라지고
양파와 버섯과 파는
최선을 다하여 간직한 진액을 내어놓고
타인의 향기를 허락하며 균형잡기 애쓴다

일주일 동안 철없던 연인처럼
쏟아냈던 바늘 끝 같은 말들

돌냄비에 옮겨 담아 무뎌지고
마음속 거름망 하나쯤 다시 걸어
언제나 옳은 당신의 미소 띤 눈빛
오래오래 나누고 싶다

오늘 저녁 그대와 나의 식탁 위에
순두부찌개가 따뜻하다

신데렐라 수선집

아파트 지하상가 수선집에 들렀다
허리는 맞되 너무 길었던 바지
언제나 소매를 접어야 했던 코트
작은 불편들이 머무는 목적지

신데렐라 수선집 유리문이 열리고
밤 12시가 지났나 보다
주름진 노부부가 웃는다

동화책에서 튀어나와
헌 옷과 낡은 가방에도
다시 시작되는 마법

날마다 기적이다
찢긴 것을 잇는 일
낡은 것을 다시 살리는 손길

시간을 기억하는 재봉틀 얇아진 다리
툭 솟은 손등의 혈관
벽에 걸린 실로 이어지는 맥박
삶의 시계는 돌아가고 있었다

해묵은 천 조각에
접혀있던 하루들이 다시 꿰매지고
바늘 끝에서 한 땀 한 땀 나비가 깨어난다
꽃을 피우려는 군무처럼

벌거벗은 나무들이 춤을 추듯
실밥들이 뒹굴며 찾아낸 자유
지하의 작은 방에도 달빛은 스며들고

굽어진 손가락 돋보기 아래
빛나는 손끝의 탱고
신데렐라 수선집엔 노부부가 있다

진료실 앞에서

유리벽 차가움 너머
휠체어에 탄 하얀 눈빛 마음에 박힌 날
수액은 말라버리고
정맥을 따라 흘러나오는 기억들
에스컬레이터는 나를 태워
절벽 같은 문 앞
작은 무인도처럼 버티는
진. 료. 실. 세 글자

복도 창문 빗장 열어 바람 한 점들이니
고개 내민 낮달 들숨 날숨 뿜으며
토닥토닥 괜찮아 괜찮아
새싹 돋는 풀잎 길
가로수길
꽃길
사막길도
오래도록 옆에서 걸어준단다

나는 너에게 봄이고 싶다

봄으로 가는 길이 멀다
차가운 돌담 사이 숨겨 두었던 계절
마음 자락 조용히 담아 온 제비꽃 향기
고개 숙여야만 보이는 낯선 기다림

햇살 한 줌
흰 구름 하나 더
엷은 잿빛 기운 흐르는 높은 하늘
봄비가 내리려나

건조한 그리움이
해빙을 꿈꿀 수 있는 까닭은
가장 연약한 이에게 먼저 입김을 내어주는
봄이 있기 때문이다

나도 당신을 위하여
봄이 되고 싶다

감사합니다

흔들리는 나뭇잎 그림자
마지막 잎새가 아니기를
바람 소리 따라
맑은 숨 내 안에 들일 수 있도록
허락해 주셔서 감사합니다

거친 비바람에 생채기 입은 흔적들
이것이 절망이 아니기를
두 손으로 여름날의 고된 땀방울
닦을 수 있는
새로운 계절을 선물해 주셔서 감사합니다

태양이 찬란한 정오에 그림자는 가장 짧듯이
힘겨움으로 버둥거릴 때
고요한 시간으로
삶을 돌아볼 수 있도록
휴식을 주셔서 감사합니다

손잡고 산책하다 조그마한 분식집
남편과 비빔국수를 먹을 때
언제나 달걀 반쪽을 내어주는

사랑하는 사람과 마주 보는
오늘을 주셔서 감사합니다

비빔밥 한 그릇 권합니다

따뜻한 밥이 품는다
고추장에 섞인 나물들과 채 썬 고기
참기름 한 스푼에 사라지는 낯선 경계
아들 것은 노른자가 동글동글 살아 있도록
우리 부부는 터트려 바싹 익도록
예술가의 손으로 다듬어진 조각상
비빔밥 그릇마다 부적같이 올려진 달걀부침
오늘도 즐겁게 퍼 올릴 하루

등산로 옛집의 양푼
고급스러운 한정식 놋그릇
담아내는 그릇이 달라도
더 들어가거나 빠져도
스며들 듯 조율되는 평온한 한 끼
오늘이 바쁜 당신에게
비빔밥 한 그릇 권합니다

퇴고

그대 품보다 넘치는 사연
옆에 있던 컵을 넘어뜨리는 순간
아 나도 물을 엎지를 수 있는 사람이었구나
항상 물은 컵에 담겨있어야 할 존재가 아니었구나
넘어짐으로
공중으로 증발할 자유가 빨리 다가왔구나

퇴화한 살갗들이 떨어져 나가는 시간
날마다 반복되는 작업
손톱 끝 어디엔가 남아있는 첫사랑의 흔적
너무 깊이 파여 보이지 않아도

우체국 직원의 미소 띤 응원
노란 봉투에 낙인된 신춘문예 투고
자동저울 숫자보다 가벼운 원고량
마음의 저울에선 중량 초과

짱뚱어 다리

밀물이 빠져나간 자리에
사람들은 짱뚱어 다리를 만들었다
나무다리에 날개를 달아주어 허공에 띄워놓았다
갯벌에 부러진 날개 조각들
밀물이 들어오면 날지 못하고 둥둥 떠다녔다
살아있는 것들은 팔딱거리거나 기어 다녔다
사람들은 기어 다닐 갯벌을 찬양하며
수백 개의 짱뚱어 다리를 심어주었다
짱뚱어들은 다리를 외면한 채
작은 몸으로 갯벌의 구멍을 찾아다녔다
강풍이 불고 호우 특보가 내려졌다
사람들은 짱뚱어가 없는 갯벌에서
찌그러져 가는 우산을 두 손에 받친 채
짱뚱어 다리를 찾아다녔다
찾아낸 짱뚱어 다리는 분쇄기에 갈려
우거지와 된장과 함께 뚝배기에 담겨
일생에 한 번 올까 말까 하는 여행자에게 바쳐졌고
주인장은 밀려오는 주문에
짱뚱어탕을 끓여대기에 바빴다

손님 여러분,
다리는 잠시 후 폭풍을 만나 사라질 예정이오니
짱뚱어들은 모두 구멍으로 대피하시기를 바랍니다

| 해설 |

기억의 속도, 존재의 온도

손근호(시인·평론가)

　김덕진 시인의 시집은 감각과 사유, 일상과 철학을 정교하게 직조한 서정시의 뛰어난 성취다. 이 시편들은 단순한 회고를 넘어서 기억의 윤리를 형성하고, 자연과 도시, 가족과 사회를 깊이 감응하는 방식으로 삶을 사유하게 만든다. 정제된 언어, 유연한 구성, 탁월한 이미지 감각은 그의 시 세계를 독보적인 미학으로 이끈다. 무엇보다도 시인은 고통을 애도로, 애도를 사랑으로, 사랑을 언어로 전환시키는 능력을 통해 독자에게 지속 가능한 감동을 제공한다.
　특히, 전통적 서정시의 언어를 재구성하면서도, 현대인의 감각과 정서를 정직하게 반영한다. 정서의 밀도를 유지하되 결코 무겁지 않고, 감각의 깊이를 확보하되 난해하지 않으며, 서정적 태도를 견지하면서도 고루하지 않다. 김덕진 시인의 언어는 삶을 구성하는 다층적 감정들을 조용한 언어로 호출하며, 독자의 내면에 온기 있는 울림을 남긴다. 이러한 조화 속에서 그는 독창적인 미학과 감응의 리듬을 완성해 낸다.

이 시집은 '기억', '자연', '도시', '속도'라는 네 가지 키워드를 통해 인간의 실존을 다층적으로 조망한다. 기억은 단순한 회상이 아닌 존재의 토대며, 자연은 감정의 외피이자 감응의 언어다. 도시는 고단함 속에서도 삶을 꿰매는 실천의 공간이며, 속도는 치유와 공명을 위한 윤리적 선택의 리듬이다. 이 네 축은 서로 교차하며, 김덕진 시인의 시편들을 다층적 감각과 철학으로 이끈다. 각각은 단일한 주제가 아니라 복합적 정서와 실천의 통로다.

1. 기억 속 시간의 항로

"우리 존재는 기억 위에 서 있다." 하이데거의 이 말은 김덕진 시인의 시들이 보여주는 회귀의 시학이 단순한 향수를 넘어서, 존재의 본질에 접근하고 있는 상황에 걸맞다. '기억'이라는 것은 과거의 회상이 아니라 현재를 규정짓는 토대이며, 시인은 그 기억을 시라는 형식 위에 세워 감정과 존재의 윤곽을 짚어가고 있기 때문이다.

특히 여기 모인 시들은 단지 과거를 떠올리는 감상에만 머물지 않고, 기억이 현재를 다시 형성하고 미래를 열어가는 실존적 문법이라는 점에서 탁월하다. 기억은 단지 시간의 저장소가 아니라, 삶의 윤리를 구성하는 형식이 된다. 김덕진 시인의 시들은 과거의 편린을 복원함으로써 그 안에 깃든 정서적 진실을 드러내고, 그 진실을 통해 지금의 존재가 다시 의미화되는 과정을 시적으로 완성한다. 이는 마치 베르그송의 '지속durée' 개념처럼, 시간의 흐름 속에서 살아 있는 현재를 감각적으로 되살려낸다는 점에서 시의 형이상학적 깊이를 더한다.

시편들은 대부분 과거를 향해 돌아가는 여정으로 구성되어 있다. 그러나 이 회귀는 현실 도피가 아니다. 오히려 지금 이 자리를 더 단단히 딛기 위해, 시인은 마음속 오래된 장면들을 호출한다. 「감나무의 회귀」에서 감나무는 단순한 나무가 아니다. "고욤나무의 기억을 가슴에 품고" 자란 그것은 시인의 현재와 과거를 동시에 품고 자라는 일종의 생명적 매개체다. 감나무 아래서의 유년, 그 아래서 흘러갔던 시간이 현재의 나를 만든다는 인식이 감나무를 하나의 존재론적 상징으로 끌어올린다.

이어서 「팔달문 밥집에 앉아」는 시인의 기억이 단순히 머릿속 상념으로 머무는 것이 아니라, 구체적인 장소와 감각으로 회복되고 있음을 보여준다. 밥 한 그릇, 김이 피어나는 찌개, 그리고 시장통의 소리와 냄새는 모두 기억의 촉각적 증거들이다. 어머니와 아버지의 얼굴이 밥상 위로 환하게 피어오를 때, 우리는 이 시가 단지 '그립다'고 말하는 것이 아니라, 그리움을 통해 지금의 나를 먹이고 있다는 사실을 느끼게 된다.

그 기억의 줄기는 「엄마강」이라는 시에서 강처럼 흐른다. 시인은 할머니가 "엄마의 주름을 닮았다"고 말하며, 세대를 잇는 정서의 강을 따라 나아간다. 강은 흐르되 끊어지지 않고, 시인은 그 강물에 발을 담그듯 엄마의 생애와 그 결을 느낀다. 이는 곧 「아버지, 꽃밥 한 그릇 잡수세요」로 이어지며, 돌아가신 아버지에게 꽃밥을 바치는 장면은 제의처럼 진중하다. "남겨주신 삶의 시간/ 소중하게 붙들어 잘 살겠습니다"라는 다짐은, 기억이 단지 그리움의 정동을 불러오는 것이 아니라, 삶의 태도를 결정짓는 윤리적 실천임을 암시한다.

이러한 정서는 「겨울비가 하얗게 내린다」에서 잠시 침잠한다. 겨울비라는 차가운 감각은 마치 기억을 씻어내는 듯하지만, 사실은 그 아래서 시인은 '이별'의 감정을 되새긴다. 이때, "떠나가지 못하는 인연의 꽃물"이라는 구절은 떠나간 이들이 남긴 흔적을 시각적 형상으로 되살리며, 그 슬픔을 아름다움으로 전환하려는 시인의 정서적 장치를 보여준다.

「그리움이 내 안에서 더 크게 그립다」는 여기 모든 시편의 정서를 요약하는 문장처럼 느껴진다. 빨래터에서 한겨울 손빨래를 하던 어머니의 손등, 그녀가 삶을 건너던 방식을 시인은 마침내 자신의 몸속에 옮겨 심는다. 그리고 우리는 그 장면이 단지 과거에 있었던 일이 아니라 지금 시인이 살아가는 방식임을 알아차린다. 기억은 과거의 회상이 아니라, 지금 여기의 윤리이자 형식이 된다.

그리고 「직지사 천불상 前에서」와 「말린 꽃을 바라보면서」는 회귀의 끝자락에서 도달하는 평온한 명상처럼 읽힌다. 직지사 앞에서 천 불상을 바라보는 시인은 모든 삶과 죽음을 초월한 눈빛을 마주하게 되고, 말린 꽃을 바라보며 "기다림의 영혼을 안을 수도 있겠다"고 말한다. 시는 더 이상 아파하지 않는 방식으로 과거를 품는 연습이다. 그리움이 더 이상 뾰족하지 않고, 부드럽게 자신을 감싸는 형식이 되었음을 시인은 조용히 보여준다.

이 시편들은 전통적 향수의 서정을 계승하면서도, 눈앞의 자연, 가족, 일상적 장면들을 통해 정서를 직조하는 방식을 보준다. 특히 시인의 정서가 단순히 그리움에 머무르지 않고 실천적 존재로 이어간다는 점에서 한층 진화한 감각으로 평가할 수 있다. 따라서 이 시들은 '기억은 과거를 불러오는 것이 아니라 현재를 밀어가는 힘'이라는 동시대 서정의 흐름과 깊이 공명한다. 아울러, 시인은 단순히 돌아가고 싶은 옛날이야기를 하는 것이 아니다. 오히려, '그때의 나'로 돌아가 '지금의 나'를 다시 세우고자 하는 것이다. 그리움이란 결국, 존재의 또 다른 형식이다. 그리고 시는 그 형식을 가장 온기 있게 드러내는 예술이다.

2. 비, 바람 그리고 흙의 언어로 불리는 삶

"자연은 우리 말을 대신해 주기도 하고, 우리 마음의 행간을 채우기도 한다." 르네 데카르트의 이 말은 언어철학이 아니라, 김덕진 시인의 서정 속에서 자연이 수행하는 역할을 가장 잘 설명하는 명언 같다. 여기 모인 시들은 자연 현상─비, 바람, 흙, 꽃, 소금 등─을 통해 인간의 감정과 존재를 소환하고, 자연 자체를 감정의 언어로 전환시킨다.

「녹차밭에 비가 내리면 나는 찻잔이 된다」라는 시집 제목과 동일한 시는 그 자체가 은유적 전환의 정수로 평가된다. 녹차밭과 비는 단순 풍경이 아니라 "찻잎 하나 눈을 뜨고/ 한줄기 비/ 피어오르는 흙냄새"와 같은 감각들이 합쳐져, 시인은 찻잔으로 존재한다. 자연과 시인의 존재가 하나로 묶이는 순간, 자연은 정동의 외피가 되며 시인은 그 안에서 자신을 녹여낸다.

이어서 「소나기」에서는 자연이 감정의 폭발이 된다. "말없이 떠나간 그대"를 향한 비유는 소나기처럼 한순간 몰아치고 사라지는 감정의 형태를 조형한다. "절반은 대지에/ 절반은 가슴에 내린다"는 표현은 자연의 체험이 내면의 정서 구조를 결정짓는 방식이다. 또 소나기가 지나간 자리의 "가벼워진 내 발걸음"은 감정이 정서적 소산이 되어 존재를 가볍게 한다는 역설을 보여준다.

「소금 바람」은 바람과 소금이 인간의 몸과 감정을 갈라놓고 동시에 이어주는 존재적 매개로 등장한다. "어부는… 침묵하며 스스로 부서져야 했다"라는 문장은 자연의 고독이 인간의 고독으로 번지며, "지독히 가벼운 플라스틱 상자" 속 흙탕물 한 모금이 삶의 갈증을 대변한다. 자연은 생명처럼 다가오고, 소금을 잉태하는 바람은 그리움과 애도와 고통을 씻어내려는 의지로 읽힌다.

「時節」은 사과잼의 달콤한 향기, 귤잼의 겨울 추억, 솔방울의 메마름, 바닷길의 봄이라는 사소한 이미지들을 통해 시간의 질감을 전한다. 자연 속 작은 풍경들은 기억의 파편들이자, 계절이 인간의 감정을 빚는 도구다. 그 안에 담긴 정서는 내면의 계절이 되며, 시인은 그 갈래를 자연을 통해 길어 올린다.

「오래된 미래 책방」과 「말린 꽃을 바라보면서」는 자연적 이미지와 감정적 사유가 교차하는 지점에 서 있다. 헌책방 안 햇살과 먼지는 황혼의 색처럼 흐르고, "말린 꽃"은 시드는 동시에 남는 영원의 흔적으로, 자연이 시간의 언어로 존재함을 말한다. 말린 꽃이 시인에게 평안의 가능성이 된 것은 자연이 단지 삶의 배경이 아니라 존재의 연장이 될 수 있음을 증명한다.

여기 모인 시들은 자연의 이미지를 단순한 미적 배경으로 사용하지 않는다. 자연은 곧 존재의 언어이며, 시인이 자기 자신을 자연 속에 주조하는 방식으로 펼쳐 놓는다. 즉, 자연을 단순한 배경으로 소비하는 것이 아니라, 인간 내면의 언어로 번역하는 시인의 깊은 감수성과 세계관을 보여준다.

따라서 김덕진 시인의 시에서 자연은 인간의 감정 구조와 얽히며, 시간과 존재를 감각화하는 장치가 된다. 이는 동양적 자연관, 특히 '천인합일天人合一'의 세계관과 서정적으로 조우하며, 시인은 그 안에서 인간과 자연이 감응하며 서로의 언어가 되는 순간들을 포착한다. 이처럼 자연을 삶의 철학적 메타포로 확장한 점은 시를 넘어서 인간학적 성찰로까지 나아가는 깊이를 보여준다.

3. 버티고 살아내는 촉각의 시간들

이곳의 시편들은 도시성과 감각성이 어떻게 시적 언어로 전환될 수 있는지를 보여주는 훌륭한 예들이다. 삶의 무게와 일상의 균열을 사물과 환경, 몸의 감각으로 끌어내며, 시인은 도시인으로서의 고단함을 시의 미학으로 승화시키기 때문이다. 여기서 시는 감정을 드러내는 수단이기보다는, 감각을 조직하고 삶을 견디게 하는 구조물로 기능한다. 이는 발터 벤야민이 말한 '도시적 체험'이 시적 실천 속에서 어떻게 윤리적 의미로 확장될 수 있는지를 잘 보여준다. 김덕진 시의 도시 감각 또한 자조적이면서도 다정한, 희망의 언어로 이어진다.

먼저 「키오스크 사용 설명서」는 디지털과 인간 사이의 간극을 서정적으로 그려낸다. 차가운 화면 뒤에서 질문 없이 침묵하는 기계 앞에서, 시인은 익숙하면서도 낯선 경험을 마주한다. "콕콕 여보세요, 콕콕 커피 주세요"와 같은 단문은 단색적인 일상에도 은밀한 유머와 체온이 있음을 깨닫게 한다.

그리고 「내 발에 굳은살이 생겼다」에서 시는 육체성을 통해 도시 생활의 무게를 감각화한다. "발가락의 근육에 균형이 깨졌다"는 문장은 단순히 피로가 아니라 삶의 균열을 숨김없이 보여준다. 시인은 굳은살을 뜯어내며 자신의 존재를 확인하고, 그것이 삶을 버텨온 표식임을 인식한다.

한편, 「구멍」은 도시 공간 속의 결핍과 회복의 여지를 동시에 보여준다. 도로 한복판의 작은 구멍은 지면의 균열이면서, 우리가 보지 못했던 땅의 마음을 드러내는 통로다. 모양이 완전하지 않은 하트의 구멍이라도 여전한 잔상이 존재한다는 인식은, 도시인의 감성이 결국 허기 속에서도 형태를 포기하지 않는다는 메시지다.

「낙타의 꿈」은 숙명을 짊어진 존재로서의 인간을 자연적 시간과 맞닿게 함으로써, 우리로 하여금 일상적 고단함을 한 걸음 뒤에서 바라보게 만든다. 무거운 짐을 지고 사막을 걷는 낙타의 이미지는 살아야만 하는 존재들의 표상이며, 마지막 나사를 빼고 떠나고픈 마음은 도시에서의 삶이 가끔 견디기 어려운 무게임을 보여준다. 그러나 동시에 시인은 여전히 "손잡고 함께 떠나주리라"는 다정함을 남겨둔다.

나아가 「이석증 앓는 사회」는 도시 사회에 대한 사회적 성찰을 가미힌디. "비르게 서 있어도 빙빙 돈다"는 표현은 정체성과 방향 감각을 잃어버린 사회의 불안정을 은유하며, 프린터에서 자동 출력되는 처방전과 약 봉투는 삶이 기계적 시스템에 종속된 현실을 드러낸다. 그러나 그 속에서도 "흙으로 돌아가는 선택의 권리가 있기나 한가"라는 질문은, 시인이 여전히 자유와 선택의 가능성을 묻고 있음을 보여준다.

「오래된 미래 책방」과 「의자에 대한 프롤로그」는 일상과 문화를 잇는 공간과 사물로서 존재감 있게 기능한다. 혼란스러운 도시 속에서 헌책방이나 의자가 주는 안정과 성찰은, 오래도록 버텨낸 시간의 증언이자 삶을 지탱하는 기호다. 시인의 눈길은 그 사소한 것들 속에서 삶의 의미를 발견해 낸다.

여기 시편들은 현대 도시 서정의 한 양상을 보여준다. 일상의 사물이 감정과 인식의 매개체로 기능하고, 시적 주체는 그것을 통해 존재를 재확인한다. 현대 한국 시에서 점점 확장되는 '도시 감각 시학'의 흐름 속에서, 김덕진 시인은 단단하면서도 섬세한 감각으로 도시인의 심리를 그려낸다. 특히, 디지털, 신체, 일상, 사회 시스템을 시의 언어로 형상화함으로써, '도시적 존재'가 시의 중심에 놓인다는 것을 확인시킨다. 그 안에서 살아내는 방식-버티되 다정하게 존재하려는 태도-이야말로 시인의 시적 실천이다.

4. 속도와 치유

김덕진 시인의 시학은 '속도의 사회'에 대한 반성으로부터 비롯된다. 빠름을 강요하는 현대의 문명사 속에서, 그는 '느림'을 존재의 윤리로 재설정하고, 삶의 균형을 회복하려는 시적 실천을 이어간다. 이 파트의 시편들은 속도를 줄임으로써 더 깊이 타인과 연결되고, 자기 자신과 친밀해지는 가능성을 보여준다.

이는 하르트무트 로자의 '공명 이론'처럼, 시를 통해 세계와 다시 공명하고자 하는 현대 서정의 중요한 흐름을 반영한다. 치유란 멈춤이 아니라, 자기 속도로 세계와 다시 연결되는 행위임을 이 시편들은 조용히 증명하기 때문이다.

　먼저「자율속도조절기」는 속도를 스스로 조절하는 기계처럼 은유되지만, 그것은 인간의 내면 감정과 기억을 조율하는 도구이기도 하다. "망각이란 놈이 좀 더 빨리 와"라는 표현은, 잊는 것도 살아남기 위한 기술처럼 읽힌다. 속도를 늦추고 과거를 소환해 마음을 다독이는 행위는, 곧 치유의 과정이다.

　「행복 속도」는 속도와 삶의 무게를 동시에 말한다. "낡고 오래된 1t 트럭의 최고 속도는 시속 80km"라는 구체적 수치는 개인의 삶의 속도와 기준을 설정하는 시인의 단단한 태도다. 경쟁과 추월 사이에서 나만의 속도를 지키고, 그것이 누군가의 동행이 될 수 있음을 말한다. 이 속도는 단순한 느림이 아니라, 존재의 안정성을 위한 선택으로 보인다.

　「나는 너에게 봄이고 싶다」와「말린 꽃을 바라보면서」,「감사합니다」는 속도를 조절한 시적 태도가 삶의 순간들을 다정하게 포착하는 방법임을 보여준다. 봄이 되고 싶다는 바람, 말린 꽃에 담긴 기다림, 고마움을 전하는 마음들 모두는 시인이 자신과 타인을 향해 느리게 내리는 시선이다. 그 느림은 약한 것이 아니라, 다정한 연대의 방식이다.

　「어른 시절」과「의자에 대한 프롤로그」는 속도가 멈춘 후에도 삶이 이어지는 방식에 대한 성찰이다. 의자 하나가 주는 위안, 쉼, 시간을 넘어서는 기억과 연결점은 속도가 아니라 존재의 방향을 규정한다. 이 시편들은 인생이라는 긴 여정에서 속도가 아니라 페이스를 지키는 것이 얼마나 중요한지를 보여준다.

　"빠르게 달리기보다, 다정하게 걷는 법을 배워라." 이 문장은 어떤 철학자의 명언이라기보다는, 김덕진 시인의 삶과 시 속에서 고요히 흘러나오는 메시지로 읽힌다. 왜냐하면 여기의 시편들은 속도와 관계, 쉼과 회복, 자기 존재의 페이스를 다정하게 지켜내는 방식을 보여주기 때문이다.

현대 서정시에서도 속도에 대한 성찰과 유토피아적 휴식의 표현이 점점 자리를 차지하는 흐름 위에 서 있다. 하이퍼모던한 사회의 속도에 반응하며, 시인은 느림과 다정함 그 자체를 철학화한다. 문학사적으로도, 이러한 속도와 치유의 시학은 한국 서정시가 점차 내면의 페이스와 존재의 균형을 회복하는 지점과 맞닿아 있다. 빠름이 지배하는 현실에서 천천히 존재하는 방식-그것은 시적 실천이자 생존의 태도다.

이 시집을 통해 들여다본 김덕진 시인의 시 세계의 특징을 세 가지로 정리하면 다음과 같다.

첫째, 정서적 실천의 시학이다. 그의 시는 단순한 감상의 언어가 아니라, 감정이 삶을 밀어가는 힘이 된다는 실존적 윤리로 작동한다. 기억은 회고가 아닌 태도이고, 그리움은 삶의 방식이다.

둘째, 감각화된 철학이다. 사물, 풍경, 자연, 기계 등 구체적 이미지들이 곧 철학적 사유로 전환된다. 촉각, 시각, 후각이 감정의 언어가 되며, 시인은 이를 통해 존재의 깊이를 형상화한다.

셋째, 도시적 서정과 느림의 미학이다. 디지털과 속도의 사회에서 그는 느림과 쉼, 그리고 관조를 통해 인간적 존엄을 회복하는 시적 태도를 구현한다. 도시인의 고단함을 정서적 연대로 승화시키는 그의 시편들은, 치열하면서도 다정하다.

앞서 분류한, 이 시집을 구성하는 네 개의 키워드는 각각 개별적인 테마를 넘어서 하나의 통합된 시적 세계를 구축한다. '기억'은 단지 회상의 도구가 아니라 존재의 뿌리를 형성하는 윤리적 장소이며, '자연'은 사유와 감정을 매개하는 감각의 언어다. '도시'는 불안과 생존, 균열과 공명을 동시에 담는 현대적 풍경이며, '속도'는 삶의 리듬과 방향성을 성찰하게 만드는 실천적 개념으로 기능한다. 이 네 개념은 서로 교차하며 시인의 시세계를 다층적으로 구성하고, 각 시편들은 그 속에서 유기적으로 엮여 하나의 시학으로 발전했음을 확인하였다.

 요컨대, 김덕진 시인의 시 세계는 현대 한국 서정시의 새로운 가능성을 제시한다. 일상을 감각화하고, 감정을 철학화하며, 고통을 언어화하는 능력은 그를 정교하고 밀도 깊은 시인으로 만든다. 특히 독자에게 다가오는 감동은 단지 공감에서 비롯되는 것이 아니라, 삶을 살아가는 온기 있는 방식이 시를 통해 구체화된다는 데 있다.

 이런 점에서 한국 문단 내에서 그의 시는 이미 독자적 위치를 형성하고 있으며, 향후 치유 서정과 실존 서정의 중요한 계보를 이어갈 작가로 기대된다. 형식의 절제, 내용의 충실성, 정서의 깊이는 그가 지속 가능한 문학적 중심에 설 수 있는 이유다.

그림과책 시선 334

녹차밭에 비가 내리면 나는 찻잔이 된다

초판 1쇄 발행일 _ 2025년 9월 11일

지은이 _ 김덕진
펴낸이 _ 손근호

펴낸곳 _ 도서출판 그림과책
출판등록 2003년 5월 12일 제300-2003-87호

03924 서울특별시 마포구 월드컵북로54길 17 821호
      (상암동, 사보이시티디엠씨)
      도서출판 그림과책
전화 (02)720-9875, 2987 _ 팩스 (02)720-4389
도서출판 그림과책 homepage _ www.sisamundan.co.kr
후원 _ 월간 시사문단(www.sisamundan.co.kr)
E-mail _ munhak@sisamundan.co.kr

ISBN 979-11-93560-41-9(03810)

값 12,000원

이 책의 판권은 지은이와 그림과책에 있습니다.
잘못된 책은 교환해 드립니다.